LES PEINTRES
ILLUSTRES

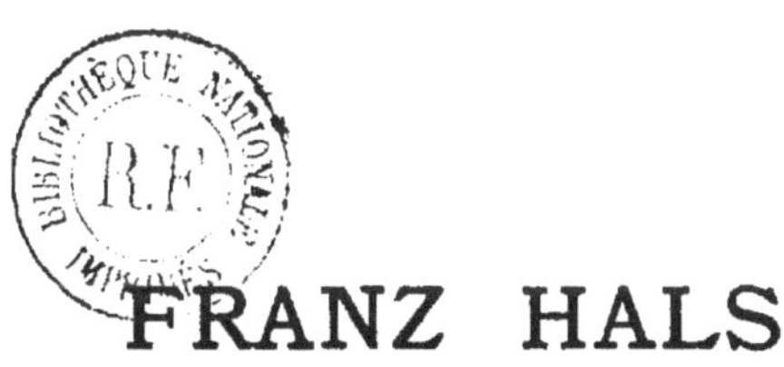

FRANZ HALS

1580-1666

Pour Paraître le 1er de chaque mois :

GAINSBOROUGH.
LEONARD DE VINCI.
BOTTICELLI.
VAN DYCK.
RUBENS.
HOLBEIN.
LE TINTORET.
FRA ANGELICO.
WATTEAU.
MILLET.
MURILLO.
INGRES.
DELACROIX.
LE TITIEN.
COROT.

Déja Parus :

VIGÉE LE BRUN.
REYNOLDS.
VELAZQUEZ.
RAPHAEL.
REMBRANDT.
CHARDIN.
FRAGONARD.
GREUZE.

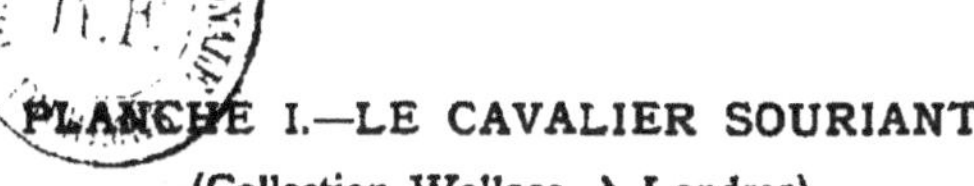

PLANCHE I.—LE CAVALIER SOURIANT

(Collection Wallace, à Londres)

Peint en 1624. Hals l'intitulait : portrait d'un officier. D'où vient le titre actuel ? On ne sait. La satisfaction de soi-même, la fatuité méprisante, la vanité de joli homme sont admirablement exprimées dans cette peinture, qui, au point de vue de l'habileté technique, vaut par l'étonnante exécution du costume, des dentelles et des broderies.

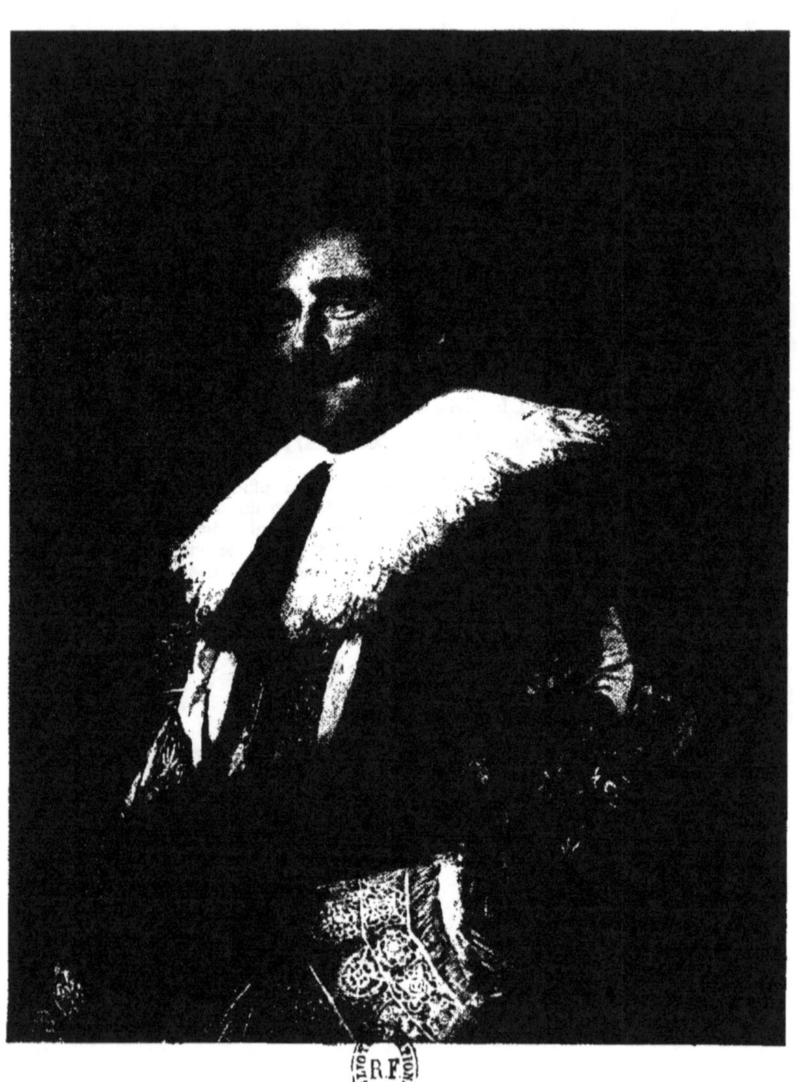

LES PEINTRES ILLUSTRES

PUBLIÉS SOUS LA DIRECTION DE

M. HENRI ROUJON,

SECRÉTAIRE PERPÉTUEL DE L'ACADÉMIE DES BEAUX-ARTS

Franz Hals

HUIT REPRODUCTIONS FAC-SIMILE EN COULEURS

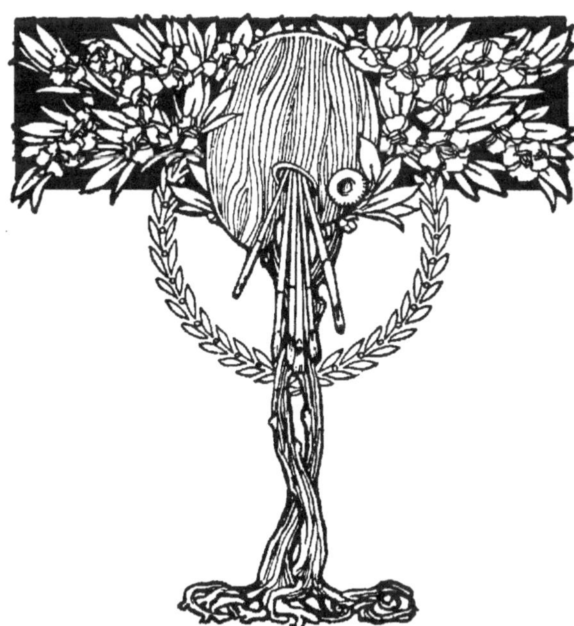

PIERRE LAFITTE ET Cie

EDITEURS

90, AVENUE DES CHAMPS-ELYSÉES, PARIS

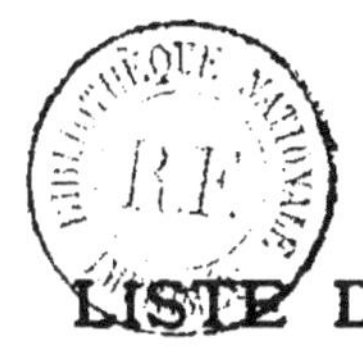

LISTE DES ILLUSTRATIONS

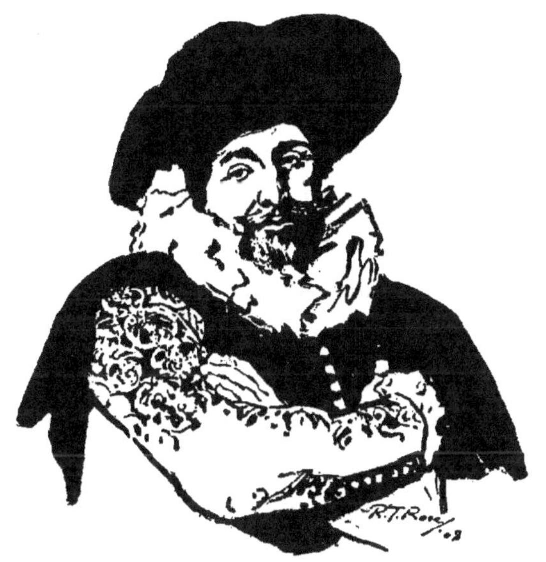

FRANZ HALS

FRANZ HALS était d'une ancienne et honorable famille patricienne, connue depuis plus de trois cents ans à Haarlem.

Ce nom apparait pour la première fois dans les annales de la cité en 1350, et il fut porté à différentes époques par des bourgmestres, des trésoriers, des échevins.

Pierre Claes Hals, père de Franz, fut nommé magistrat en 1575; deux années plus tard, il était gouverneur de la cité d'Orphanage, et l'on sait qu'il commandait la garnison qui défendit si héroïquement la ville contre les Espagnols.

La guerre, le pillage de l'envahisseur avaient ruiné bien des familles bourgeoises, obligées dès lors de chercher ailleurs à refaire leur fortune; Pierre Claes Hals et sa jeune épouse se décidèrent à cet exode, au printemps de 1579, un peu plus d'un an après leur mariage; ils se rendirent d'abord à Malines où ils avaient des parents chez qui ils reçurent une affectueuse hospitalité. Ils restèrent là une année; un fils leur naquit qui fut enregistré sous le nom de Dirk.

Mais la prospérité d'Anvers, les possibilités qu'on y devait trouver de gagner de l'argent, les tentèrent ; Pierre Claes Hals songeait que, dans la cité des arts, sur les bords de l'Escaut, il pourrait utiliser ses goûts artistiques.

A peine étaient-ils arrivés dans un logement de hasard que Lisbeth mit au monde un autre petit garçon (en 1580 probablement), qui fut enregistré sous le vieux nom familial de Franz. Franz d'Anvers, ainsi était désigné le grand peintre vers la fin de sa longue carrière. On ne sait rien de son éducation, ni de sa jeunesse. Pendant vingt ans, ni lui ni aucun de ses parents ne sont mentionnés par les historiens.

En 1600, les Hals se retrouvent à Haarlem, accompagnés de leurs deux fils ; ceux-ci entrèrent dans des ateliers de peintres, Dirk chez Abraham Bloemaert, Franz chez Karl van Mander ; à Anvers ils fréquentaient des maîtres comme Otho van Veen (1518-1629), peintre de sujets religieux; Adam van Noort (1557-1641), peintre de portraits historiques; Tobie Verghaegts (1566-1631), peintre de paysages et d'architecture. C'est sans doute chez Van Noort qu'ils entrèrent en relations avec Pierre Paul Rubens et son ami Hendrik van Balen.

A Anvers, les deux frères connurent aussi Martin de Vos, Erasmus Guellinus, Crispin van der Broeck, les Galles, les Van de Passes, les Wieriexes, Antoine van Liest, Geenart van Kampen, d'autres artistes encore, peintres et graveurs.

Il est probable que Pierre Hals lui-même faisait partie de cette société d'étudiants, d'écrivains, de correcteurs, de dessinateurs, qui se réunissaient chez Christophe Plantin, et cela facilita aux deux jeunes gens le développement de leur talent atavique.

Le maitre de Franz Hals, Karl van Mander, était né à Meulebeke, en Flandre, en 1548 ; il vint à Haarlem en 1583, s'y établit professeur de dessin, et fonda une académie de peinture en 1590 ; ses œuvres sont des portraits historiques de grand format et des groupes. En plus de sa notoriété comme artiste, Van Mander était connu comme historien de la Hollande, annotateur des classiques, poète, musicien, linguiste. Son œuvre littéraire la plus remarquable est son livre des peintres hollandais et flamands. Son poème sur l'art, intitulé *De la Technique du Grand Art de la Peinture,* contient des avis très judicieux donnés aux élèves :

"On ne peut atteindre le succès qu'en ne se lassant pas d'observer et de peindre la nature."

Il indique pour l'aspirant artiste cette devise "Je veux être un bon peintre" et aussitôt, pour modérer les ambitions qui s'illusionnent, il ajoute: "Qui connait le plus le découragement, sinon le peintre?"

Les Conseils sur la Perfection, que Van Mander écrivit pour guider ses élèves, sont aussi excellents que caractéristiques, ils ne furent pas toujours suivis:

"Evitez les tavernes et la mauvaise compagnie. Ne laissez voir à personne que vous avez beaucoup d'argent sur vous. Ayez soin de ne jamais dire ce que vous allez faire. Soyez loyal, courtois; gardez vous des querelles et des bagarres; levez vous de bonne heure et mettez vous de suite au travail; craignez la beauté au cœur frivole."

Trois ans avant l'époque où les Hals quittèrent Anvers pour retrouver leur

PLANCHE II.—LA VIEILLE HILLE BOBBE

(Musée Royal, à Berlin)

Peint en 1650. Cette vieille et laide ivrognesse qu'il rencontrait dans les tavernes, Hals la représente souvent ; le hibou est sans doute une raillerie allégorique de cette horrible mégère.

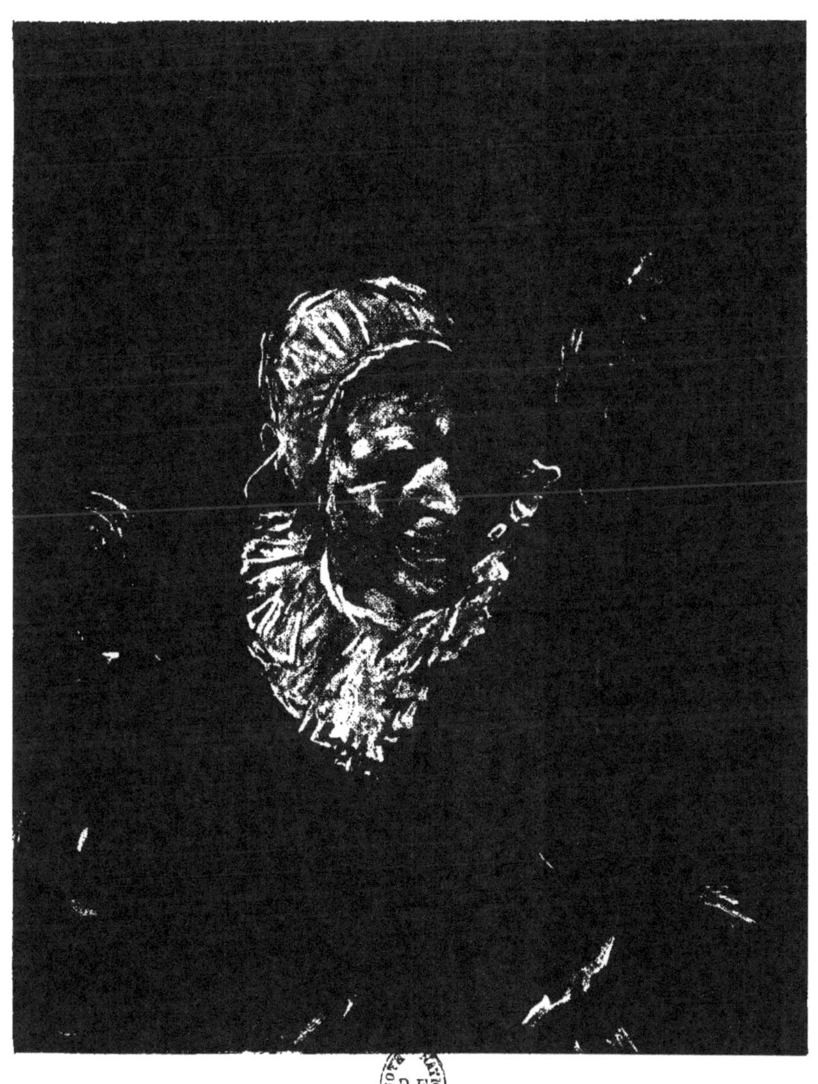

chère vieille maison patriarcale, Karl Van Mander était aidé à son Académie par deux de ses confrères, Cornelis Cornelissen (1562-1637), peintre d'allégories, de sujets mythologiques, de portraits, et Hendrik Goltzius (1558-1617), né à Meulebeke, renommé comme peintre de paysages, d'histoire et de nudités.

Au moment du retour des Hals, toute une colonie artistique existait à Haarlem dans laquelle il faut donner une place à part à Cornelis Vroom (1566-1640), peintre de marines, garçon jovial et viveur, qui présenta les jeunes Hals à ses amis des tavernes; puis Jean van Heemsen (1570-1641) riche bourgeois, s'adonnant à l'art, protégeant van Mander et ses élèves, faisant lui-même des portraits de grande taille, dans la manière qui sera celle de Franz Hals.

Ces célébrités d'Anvers et de Haarlem contribuèrent certainement à former le talent de Franz Hals.

Nous ne connaissons rien de ses débuts à l'Académie de Van Mander ; onze ans plus tard, seulement, un document nous parle de lui : en mars 1611, sur le registre de la cathédrale, est notée la naissance d'un enfant, fils de Franz Hals et d'Anneke Hermanszoon.

Cinq ans plus tard, en février 1616, c'est dans les archives de la police que se trouve un autre document : Franz est accusé d'intempérance et de mauvais traitements envers sa femme, ce qui devait être vrai, car il est réprimandé et laissé en liberté sous promesse solennelle de modifier sa conduite.

Cette même année, Anneke mourut sans être beaucoup regrettée, et, après douze mois de deuil, Franz Hals se remaria avec Lisbeth Reyniers, de Spaedam.

Cette fois l'union était assortie, leurs caractères avaient des affinités, et ils vécurent ensemble très heureux pendant cinquante ans. Ils eurent plusieurs enfants, Sarah en 1617, Jan en 1618, Franz en 1620, Adriaenjen en 1623, Jacobus en 1624, Reynier en 1627, Nicolaes en 1628, Maria en 1631, Pierre en 1633.

On peut s'imaginer la joie de cette maison remplie d'enfants, toute cette efflorescence de jeunes carnations, modèles précieux pour le peintre.

Et cela nous rappelle, avec une émotion endeuillée, les premières années de notre grand artiste Carrière, qui, ne pouvant pas payer des modèles, se contentait forcément de regarder autour de lui, restreignait sa puissance d'observation à l'entour immédiat de sa vie, l'univers tenant pour lui entre le berceau de son nouveau-né et le halo de la lampe qui éclairait les veillées travailleuses. Il voyait sa femme, sa compagne d'existence, ses petits, et l'origine de ses modèles explique les intensités d'expression qu'il a pu rendre, sans la pose cherchée, voulue, le geste de commande, mais la nature prise sur le fait dans l'éloquence de ses attitudes.

On n'a aucun renseignement exact sur Franz Hals, jusqu'à l'effigie du docteur Pieter Scherijver, datée de 1613, qui est la première preuve de son habileté comme peintre de portraits.

Le docteur était un habitant très connu de Haarlem, poète, chimiste, critique d'art; cette toile nous le montre de mine sérieuse, un homme entre deux âges, sans caractéristique particulière, dans une gamme sombre éclairée çà et là de tons rouge brique.

Quand il fit ce portrait, Franz Hals avait trente-trois ans.

Il en exécuta certainement une vingtaine, hommes, femmes, enfants, que l'on ne peut dater exactement et qui, pour la technique et la couleur, sont comparables à celui de Scherijver, mais, de tout ce labeur nécessité par les charges de famille, peu d'œuvres nous sont parvenues.

Ses études, au crayon noir, sur du gros papier bleu, admirables de simplicité et de fermeté, restent malheureusement en très petit nombre, il y en a deux au Teyler Museum à Haarlem, esquisses pour son grand groupe des tireurs, il y en a trois ou quatre en Angleterre, et quelques unes dans la collection Albertina à Vienne. Mais que sont devenues les innombrables ébauches, pochades, faites par lui pendant les quatorze années de résidence à Haarlem? Détruites, attribuées à d'autres, enfouies encore peut-être en quelque grenier d'une vieille maison, là-bas.

Franz Hals fit un nombre considérable de portraits, c'était un travailleur infatigable; nous le savons par Aert Jan Druivesteen (1564-1617), qui fut cinq fois bourgmestre de Haarlem, peintre amateur de paysages et d'animaux, ami des artistes, familier chez le père de Hals et assidu de la maison.

Dès le début il encouragea les essais de Franz, posa plus d'une fois devant lui pour qu'il fît son portrait, lui amena certainement d'autres modèles, parmi les magistrats de la cité, les personnes de la classe dirigeante.

L'art du portrait a eu, de tous temps, la faveur des grands personnages, vaniteux de

PLANCHE III.—LE JOYEUX TRIO

(En Amérique)

Peint en 1616. Une copie par Dirk Hals est au Musée Royal, à Berlin. Cet homme, bon vivant, et ribaud, est sans doute le boucher charcutier qui devint plus tard un des plus forts créanciers de Hals ; ce qui le ferait supposer, c'est ce chapelet de saucisses que l'apprenti tient dans sa main. L'idée de cette composition vient peut-être du *Festin de L'Amour* de Porbus.

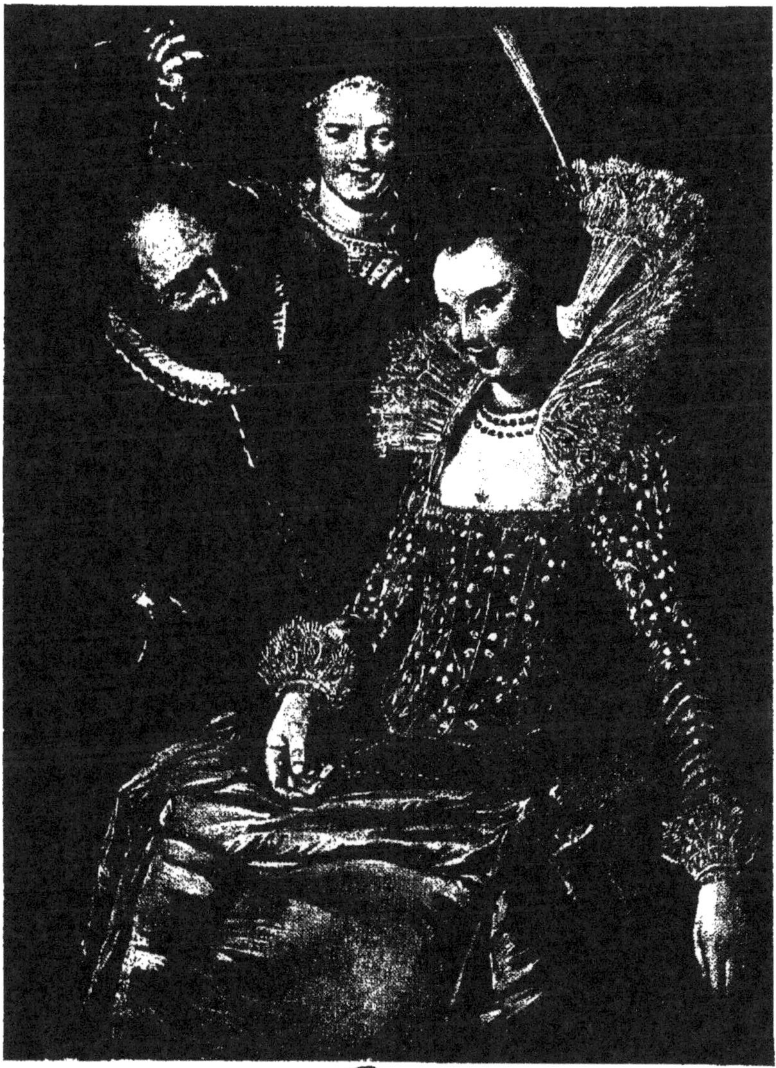

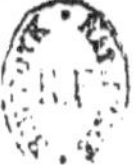

laisser leur image à la postérité. Ainsi que l'a dit le peintre Albert Besnard dans sa remarquable conférence sur *le Portrait:* "Il est incontestable que ce que l'homme aime le mieux dans la nature, c'est encore lui-même; voilà pourquoi le portrait est l'œuvre dont l'intérêt résiste le plus au temps et aux esthétiques dévastatrices. Ajoutez à cela qu'il est presque toujours le plus intéréssant morceau de peinture d'un musée. C'est que le tableau, même génial, n'est qu'une suggestion de faits distribués et interprétés suivant une formule, tandis que le portrait est l'individu représenté pour lui-même avec la plus grande somme de réalité possible, de telle sorte que nous nous y reconnaissons toujours, et sans nous lasser jamais d'y constater la prolongation de la vie au delà de la mort. . . . Le portrait est le point de repère de l'Histoire, qu'il renseigne, par la physionomie, le costume et l'attitude. Par exemple, le visage mince de Bonaparte n'est-il pas tout le Consulat, et la virgule légendaire qui barre le front chauve de Napoléon et son gros ventre, n'est-ce pas tout le premier Empire? Le geste d'un César Borgia évoque à l'instant, et plus promptement que la parole, tels événements, telle action du personnage. Les exemples seraient nombreux à rappeler; ce qui prouve la nécessité d'un commentaire, fait d'ombre et de lumière, qui ajoutera à la poésie des âges futurs l'appui de la logique bâtie sur la raison immuable de l'architecture humaine. Les héros disparus sans laisser d'effigies ne nous intéressent que comme des abstractions. Nous admirons leurs actions comme les beaux nuages dans le ciel, sans savoir d'où ils viennent. De quels frissons, au contraire, ne sommes-nous pas saisis devant les faces pâles aux petits yeux bridés d'un Charles IX ou d'un Henri III! Leur costume, que nulle description ne rétablirait, symbolise l'époque et aide puissamment à la classer dans le recul des temps. Le chapeau au panache blanc de Henri IV, c'est la victoire; de Louis XIII les cheveux plats et les culottes bouffantes racontent toute une époque de luttes philosophiques, mystiques et littéraires, que vient dramatiser la cape rouge de Richelieu. La perruque de Louis XIV nous a valu Saint-Simon et Versailles, et les cheveux poudrés de Louis XV ont présidé à l'éclosion de notre société moderne. Enfin, l'habit gorge de pigeon, c'est Louis XVI, et la haute coiffure empanachée, bientôt suivie du bonnet à grandes ailes, c'est la fin d'un règne, c'est Marie-Antoinette, c'est la Révolution. La mode, pour un moment, nous apparait tragique.

" Le costume est, comme on le voit, tellement indicateur du caractère de l'homme et de son temps, que le peintre ne saurait y apporter trop de soin. Il est bien évident, n'est-ce pas, que ces seigneurs qui portaient habituellement un poignard à la ceinture, qui, par conséquent, avaient sous la main le moyen immédiat de satisfaire une fantaisie sanglante, ou simplement de supprimer un rival, devaient en avoir la tentation plusieurs fois par jour. Cela se lit clairement sur les faces de leurs portraits. Quelle différence avec les nôtres! Ce désir de se débarrasser d'un rival, nous le gardons tous en nous-mêmes sans doute, mais comme il nous est infiniment plus difficile de le satisfaire, de cette façon du moins, il en résulte une sécurité qui se traduit sur nos visages par un repos des traits, où s'épanouit le sourire de la paix. Ce sourire et ce repos des yeux nous situent à cent mille lieues de ces hommes bardés de fer, que leurs effigies nous montrent crispés dans la surveillance d'eux-mêmes, et dont les yeux sont les sentinelles de leurs corps. . . ."

Plus loin, le conférencier, citant parmi les chefs-d'œuvre les banquets de corporations de Franz Hals, parle de "ces portraits des Hollandais du XVIIe siècle où l'on voit s'étaler l'homme moderne dans la quiétude de sa vie. . . ."

Les riches bourgeois néerlandais, obéissant à un mouvement d'amour-propre bien-naturel et que comprenait très bien Franz Hals, voulurent leur portrait par lui ; le peintre flattait d'ailleurs ses modèles, par la pose qu'il leur donnait, le poing sur la hanche, la tête haute et dédaigneuse.

Et voici son portrait du professeur Jan Hogaarts de la Faculté de théologie à l'Université de Leyde, habile éducateur, savant considérable, écrivant en latin.

Franz Hals fit son portrait en 1614, avec les mêmes procédés d'exécution que pour celui du docteur Scherijver ; ces deux effigies sont les deux seules œuvres datées et signées, qui restent de ces quatorze années.

Nous arrivons alors à cette merveille, révélation inattendue, chef-d'œuvre d'absolue maîtrise : le groupe des onze officiers du tir de Saint-Georges.

Les peintres étaient assaillis de commandes de ce genre, et partout, en Hollande, dans les églises, dans les

PLANCHE IV.—FRANZ HALS ET SA FEMME

(Rijks Museum, Amsterdam)

Peint en 1624. L'artiste et sa femme sont assis dans un jardin dont la perspective s'éclaire au loin ; ils sont en belle toilette, souriants, heureux, comme ils le furent pendant les cinquante années de leur union.

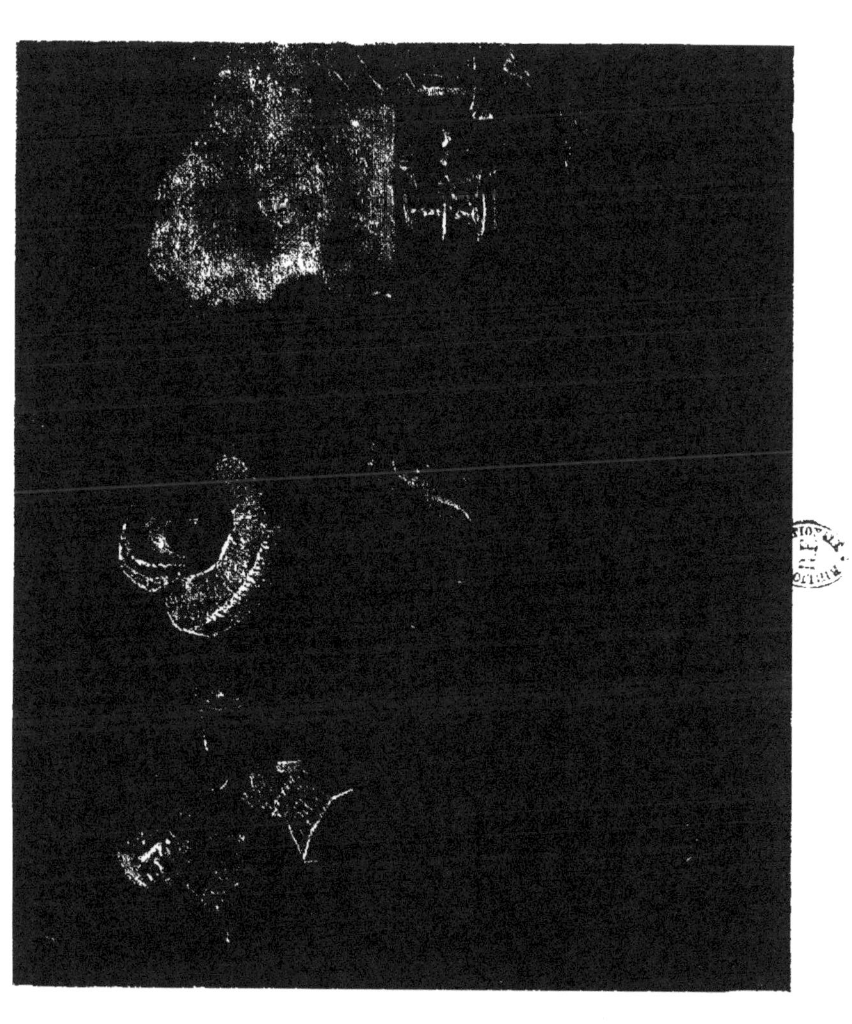

galeries des villes, dans les musées, on trouve de ces portraits en groupe, grandeur nature, de membres de corporations, de sociétés, d'institutions.

L'impression est étrange quand on pénètre dans le grand hall de Haarlem. Il y a là quatre-vingt-quatre personnages, hommes et femmes, qui vous regardent et semblent vous dévisager. Ce sont huit groupes peints par Franz Hals, cinq de tireurs, les trois autres de régents d'hospices.

Ces sociétés de tir s'étaient créées dans le Nederland avant qu'il existât des armées permanentes, et alors que les sociétés commerciales étaient en pleine prospérité ; elles réunissaient tous les hommes d'une ville aux heures de danger public, les conviaient en temps de paix à des fêtes et des banquets ; des concours annuels étaient institués avec des prix, jalousement disputés.

Le tableau du banquet annuel des officiers de la Société de tir de Saint-Georges (1616) fut sans doute commandé à Franz Hals sur les instances de son ami le bourgmestre Druivesteen, qui faisait partie lui-même de cette société.

On voit là douze officiers, y compris le colonel Pierre Schoutts Jacobsen assis au bout de la table ; il y a là des hommes de tous les âges, ils mangent un poulet aux olives et l'animation repue est marquée sur leurs figures ; par la fenêtre, on aperçoit des arbres et des maisons ; les noirs que barre un étendard, les gris et les verts du tableau sont relevés par l'éclat des brillantes écharpes de soie écarlate.

L'effet produit par cette œuvre merveilleuse sur les habitants de Haarlem fut prodigieux, l'enthousiasme fut porté à son comble, et chaque société de tir voulut avoir ainsi le groupe de ses portraits, mais le peintre, qui ne voulait pas succomber à la besogne, espaça les commandes.

D'autres groupements politiques, sociaux, ou simplement de buveurs, existaient alors dans les villes hollandaises.

Le plus populaire était le Rederijkerskammer de Wijngaardrankes qui, malgré son titre de société de rhétorique, s'occupait fort peu de belles-lettres, et n'était en réalité qu'un libre cercle artistique; Franz et Dirk Hals y furent admis comme compagnons en 1617.

Les hommes de Haarlem étaient de joyeux vivants, assidus à la taverne où l'on apportait flûte, violon ou mandoline; pas de kermesse sans la participation des étudiants qui dansent avec de jolies filles, qui boivent, s'amusent, façon de vivre qui convenait parfaitement aux deux frères, et qui leur permit de faire des études, des observations dont ils tirèrent profit.

Le Banquet de la Société de tir de Saint-Georges n'est pas la seule œuvre signée et datée de Franz Hals en 1616.

De la même année est le portrait, d'allure frappante, de Pierre van der Morsch, appelé aujourd'hui *le marchand de harengs,* bedeau au service de la municipalité de Leyde et membre de la société de rhétorique de cette ville, un vieil homme avec des cheveux défaits et une barbe grisonnante dans le blanc de la collerette; le regard est malicieux, la lèvre relevée un peu d'un côté avec un sourire accueillant; la face et les mains sont ridées, l'ensemble est d'un réalisme parfait.

Le Joyeux Trio est aussi de 1616; une femme

de la ville, en habit de gala, est assise sur les genoux d'un galant à mine de Falstaff; au-dessus du couple un jeune comparse brandit une couronne de saucisses; le galant était sans nul doute un charcutier, l'un des derniers créanciers de Franz Hals. La scène a été très vraisemblablement inspirée par cette toile allégorique que le peintre avait vue dans sa jeunesse, à Anvers, *Le Festin de l'Amour*, par Porbus (1540-1601), qui est dans la collection Wallace à Londres, et dont une copie, par Dirk Hals, se trouve au Musée royal de Berlin.

Les années s'écoulent et la vie de l'artiste présente peu d'aventures; il est tout au bonheur de sa nombreuse famille et s'amuse de ses enfants, jouant au bord de la mer, parmi les dunes de sable, bronzés par le soleil et l'écume.

Il s'inspire d'eux comme Léonard de Vinci des petits paysans de la Toscane, et c'est alors une suite de gais petits pêcheurs, qui éternisent son nom dans les galeries et les musées.

En même temps, les riches bourgeois de Haarlem et leurs femmes venaient poser devant lui ; un de ces portraits, daté de 1620, est à Cassel, effigie caractéristique en habits de cérémonie, le visage très expressif, les mains admirables.

Les années 1622, 1623, 1624, marquent dans la biographie de Franz Hals. Parmi les toiles de cette époque, il s'en trouve trois d'un intérêt supérieur : son portrait, un autre portrait de lui avec sa femme, et le cavalier souriant.

La première de ces œuvres qui est chez le duc de Devonshire, à Picadilly, représente Franz Hals tel qu'il désirait se montrer à la postérité ; la tête aux traits forts, les bras croisés dans une attitude d'énergie, le costume somptueux de soie et de brocart, les manchettes de dentelle, l'insigne de la société de tir à l'habit boutonné de gentilhomme, un chapeau de velours noir rabattu.

Les couples joyeux sont ses modèles préférés, qu'il copie pour son plaisir non par amour du gain, *Junkheer Rampf et son garçon* (1623), *Gai Souper,* et un certain nombre de *Rommel-pot-speelers,* "Buvez à la ronde" qui se trouvent à La Haye, à Berlin, ailleurs encore, montrant la manière aisée, franche du peintre, sa bonne humeur.

Madame Lisbeth, sa femme, savait bien où il fréquentait, connaissait ses parties de plaisir, mais indulgente, elle ne se plaignait pas, et même lui demanda de joindre à tant d'effigies rieuses leur propre portrait à eux deux. Elle mit sa plus belle robe de brocart avec le corselet héliotrope à la mode, elle fit emplette des dernières nouveautés en fraise et en manchettes, arrangea coquettement ses cheveux, se coiffa d'un petit bonnet de dentelle. Franz n'attachait pas grande importance à la toilette, néanmoins elle obtint qu'il revêtit son vêtement de soie noire comme pour aller à l'église ou à l'Hôtel-de-Ville, elle brossa soigneusement son chapeau à visière, gaufra ses manchettes de batiste, repassa son col de Malines, lui laça ses souliers, et le contraignit à une chose toute nouvelle pour lui, des gants blancs en chevreau.

Ainsi parés, les voici tous les deux, Franz et Lisbeth, assis côte à côte, dans un jardin, à l'ombre d'un chêne ; on aperçoit des lointains de verdure et des maisons.

La pose a dû être trouvée par elle et elle sourit de contentement ; lui voudrait se lever, elle arrête son mouvement, et sa main sur l'épaule est symbolique de la douce contrainte imposée par la vie conjugale.

Le catalogue du Musée d'Amsterdam appelle ce tableau *Portrait présumé de Hals et de sa seconde femme*, et comme l'a écrit Gustave Geffroy : ". . . Franz Hals est brillamment représenté à Amsterdam, d'abord par le couple où on l'a vu longtemps lui-même et sa seconde femme, Lisbeth Reyniers. On a renoncé à cette désignation et c'est dommage, car on aimait à se représenter Hals ainsi, fort et joyeux, épanoui et rieur, amusant de son esprit sa femme rusée et souriante, assise auprès de lui, et qui ne lui cède pas en malice spirituelle. Tant pis. La scène reste aussi plaisante, et la peinture supérieure, aisée, large, dans les costumes et dans le jardin qui sert de fond aux portraits."

Au moment où cette toile fut peinte, les Hals étaient dans une situation aisée, le succès de la Société de tir avait enrichi l'artiste, et son atelier ne désemplissait pas de clients opulents voulant leur portrait.

Le troisième tableau remarquable, de 1624, est *le Cavalier souriant,* qui dans les catalogues est inscrit sous ce titre : *Portrait d'un officier.*

Comment s'appelait ce gentilhomme ? on ne sait. Ce qui est certain, c'est le contentement qu'il a de lui-même, sa satisfaction de bellâtre, son dédain du reste du monde, l'élégance de sa tenue ; c'est là une œuvre de premier ordre, et dans la Collection Wallace, à Londres, à coté de Vélazquez et de Rembrandt, elle ne souffre aucunement du voisinage de *La Dame à l'éventail* et de *La Servante insensible.*

Mais Hals, comme s'il se lassait de ces vaniteux qui posent devant lui dans leurs superbes atours, va à des sujets plus simples, s'amuse des enfants avec la spontanéité et la sincérité naïve de leurs visages, de leurs attitudes, la saine fraîcheur de leur teint, et il copie des petits chanteurs, des joueurs de flûte, de mandoline, des pitres, des faiseurs de tours. Et ce nous est une joie de les regarder à Haarlem, à Bruxelles, à Cologne, à Cassel, à Berlin, à Koenigsberg ; la plupart datent de 1625 ; de la même année, deux ou trois *Joyeux Buveurs* et les bouffons avec leur mandoline, sortes de caricatures de ses compagnons de taverne.

Vers cette époque, Franz Hals convenait,

avec son vieux protecteur de la Société de Saint-Georges, d'une grande toile qui devait être placée à l'Hôtel de Ville ; elle fut terminée en 1627 et représente un groupe de onze officiers. Ici la manière de l'artiste est plus libre, le coloris est plus harmonieux.

Le succès du premier groupe de Saint-Georges avait rendu jaloux les membres d'une compagnie rivale, celle de Saint Adrien, et ils décidèrent, eux aussi, d'être représentés sur les murs de l'hôtel de ville.

Bien que ce travail lui fût très lucratif, Franz Hals vit avec plaisir le second tableau partir, achevé, de son atelier ; les critiques, les observations l'importunaient ; chacun de ces personnages voulait avoir autant d'importance que le voisin, n'était pas satisfait de l'arrangement, demandait des modifications ; Franz Hals tenant à sa composition, proposait pour en finir que la place d'honneur serait donnée à celui qui paierait le plus, le colonel généralement; les capitaines étaient à la seconde place, les lieutenants à la troisième, les sergents restaient dans le fond; les porte-drapeaux, fils de pères très riches, étaient placés en évidence; puis, pour être de face, c'était plus cher que si l'on n'était que de trois-quarts; dans ces conditions le peintre accomplissait un véritable tour de force, pour respecter toutes ces susceptibilités, pour obéir à toutes ces exigences.

Le repas des officiers du corps des Archers de Saint Adrien de 1627 se compose de douze officiers avec le colonel Jan Claesz van Loo à la place d'honneur; le dîner vient de finir, on discute de choses et d'autres avant de se séparer. Les costumes sont à peu près les mêmes que dans le groupe de Saint Georges, cependant, ici, les personnages sont mis à la dernière mode, comme le prouvent leurs manches à bouillons.

Des deux tableaux celui-ci est le meilleur, les poses moins maniérées, l'atmosphère plus réelle, la vie plus animée. Chaque portrait est d'une intensité extraordinaire.

De 1630 à 1640, Hals s'affirma le premier peintre de la Hollande, supérieur à tous les autres par sa facilité, par son dédain des poses conventionnelles, par la hardiesse de sa palette, par son étonnante technique, par la réalité et l'expression des physionomies. Il ne s'attardait pas à des esquisses, à des études, il campait son tableau du premier coup, peignant de verve pour ainsi dire, un court travail supplémentaire consacré au détail des dentelles et des brocarts.

PLANCHE V.

LES OFFICIERS DE LA SOCIETE DE TIR DE SAINT-ADRIEN

(Musée de Haarlem)

Peint en 1633. Par l'arrangement de la composition, par la vie intense des physionomies, par la richesse des armes et des étoffes, cette œuvre n'a jamais été surpassée.

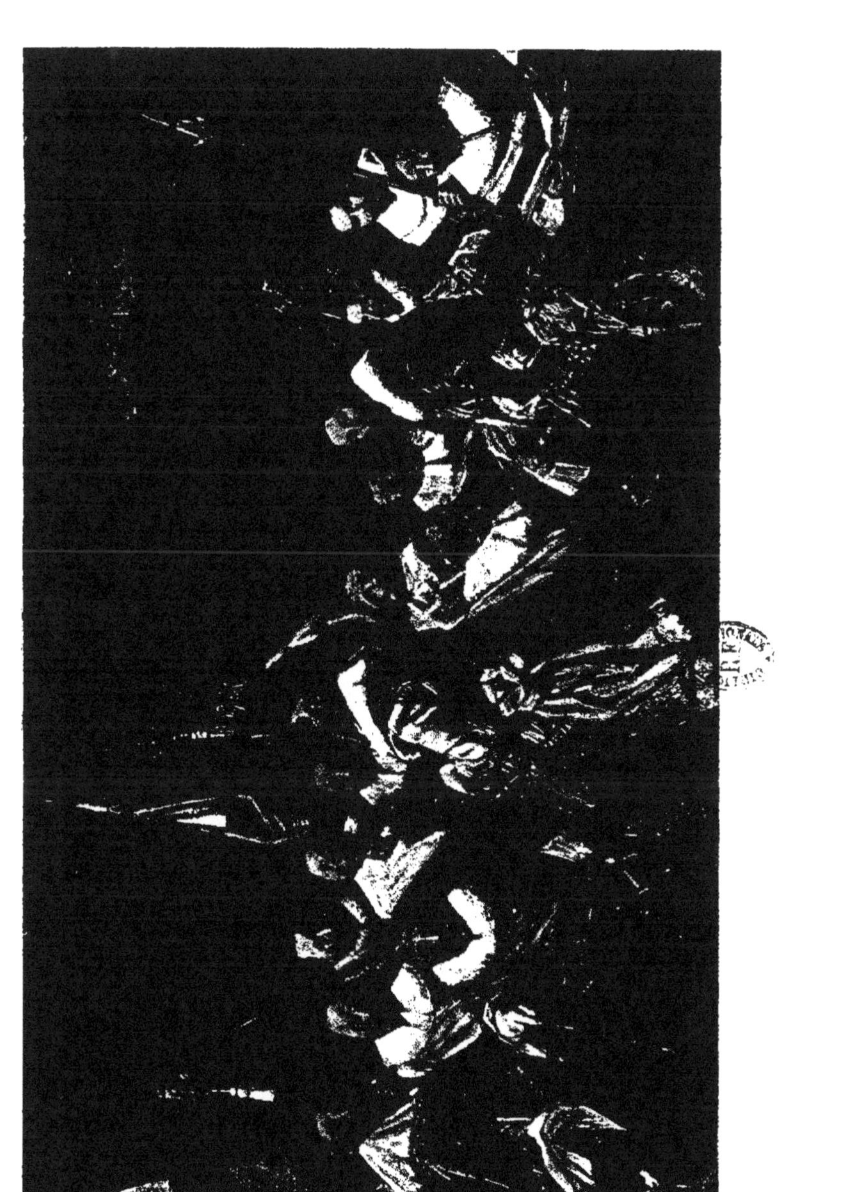

Cette époque est la plus belle période de l'école hollandaise; chaque ville avait son Académie, ses ateliers; la devise de Haarlem était: "Hardiesse et vérité," elle peut convenir à Franz Hals.

La passion de la tulipe était alors à son paroxysme, ce qui rendit Haarlem très prospère, où les fleuristes gagnaient par an deux millions de florins d'or:

> "O rare fleur, ô fleur de luxe et de décor
> Sur ta tige toujours dressée et triomphante,
> Le Velazquez eut mis à la main d'une infante
> Ton calice lamé d'argent, de pourpre et d'or"

comme a chanté Coppée.

Là venaient en foule des artistes, des professeurs, des étudiants, des connaisseurs de tous les pays, parmi eux, Antoine Van Dyck.

Il voulut connaitre par lui-même ce Franz Hals dont on lui avait conté de si étonnantes choses, et contempler ses travaux. Hôte, à La Haye, de Frédéric de Nassau, prince d'Orange, il ne lui fallait qu'une journée pour aller à Haarlem.

Un matin de juin 1630, sans être annoncé, il frappait à la porte de son collègue. Madame Hals lui ouvrit : " Mon mari n'est pas à la maison, il est à l'atelier. Monsieur veut-il entrer et se reposer ? "

Jan, qui avait douze ans, fut envoyé à la recherche de son père. Il ne le trouva pas à l'atelier, mais dans l'arrière-boutique de sa taverne favorite, avec ses compagnons habituels. Peut-être, parmi ces joyeux buveurs, y avait-il le fameux amiral Van Tromp tué en 1653, et son brave camarade Jan Barentz, l'amusant savetier devenu lieutenant de la flotte, et dont nous connaissons le portrait, avec ses grosses mains, sa face ridée, sa trogne clignant sur ce que contient son verre.

"Il est venu un beau monsieur par le chemin d'Anvers pour voir papa, et il désire avoir son portrait. . . . ."

"C'est bon, je vais y aller, retourne à la maison, je te suis.

Hals prit le temps de vider son pot de bière et d'achever sa pipe, puis il reprit le chemin du logis. De mauvaise humeur parce qu'il avait été ainsi dérangé, il salua l'étranger froidement, refusa d'abord de faire le portrait de quelqu'un qu'il n'avait encore jamais vu, dont il n'avait pu étudier les traits. Van Dyck, sans se faire connaître, insista, proposa une somme importante ; enfin, Hals saisit une vieille toile, ses pinceaux, et en deux heures, au grand étonnement de son modèle, exécuta un portrait merveilleusement ressemblant.

Van Dyck paya, séance tenante, la somme qu'il avait promise, puis demanda s'il pourrait à son tour essayer de lui faire son portrait ; Hals fut étonné de l'offre, et sa surprise s'accrut en voyant son hôte travailler ; il devina alors : "Mais qui diable êtes-vous ? Antoine Van Dyck, certainement ! "

Van Dyck voulut emmener Hals en Angleterre où il était demandé par le roi, mais il ne put le décider à quitter sa Hollande ; il s'en alla, désappointé, après avoir été fort aimable pour dame Lisbeth, et généreux pour les enfants auxquels il donna vingt florins d'or ; Hals, lui, retourna à sa taverne.

Dans la Schwerin-Gallerie, il est un portrait d'homme qui a été attribué tour à tour à Franz Hals et à Van Dyck, c'est peut-être l'une des deux toiles qui furent peintes en cette matinée de juin 1630.

De cette année là sont datés huit

superbes tableaux de Hals : *La Famille Beresteyn* et *La Bohémienne,* au Louvre ; *Le Joueur de Mandoline,* dans la collection du baron G. de Rothschild ; *La Nourrice et l'Enfant, Le Joyeux Buveur,* de la Galerie Royale à Berlin ; *Le Portrait d'Homme,* à Buckingham Palace ; Monsieur *Willem van Heythuysen,* à la Galerie du Belvédère, à Vienne : le poing gauche à la hanche, la main droite sur l'épée tenue droite, il est fièrement campé, en vêtements somptueux, devant un fond de draperie ; *Le Portrait d'une jeune fille de la famille Beresteyn,* à Haarlem.

Le fou, le bouffon, qui est plus connu sous l'appellation, *Le Mandoliniste,* est un des plus beaux morceaux de peinture qui soit ; c'est un portrait d'Adrien Brouwer, un des élèves favoris de Hals, aussi célèbre comme peintre que comme faiseur de tours, musicien et improvisateur. Il est là en costume de fantaisie, genre espagnol, jouant d'une mandoline ; il a juré qu'il amènerait sa Dulcinée au balcon, et à peine a-t-il pincé les premiers accords que déjà il est certain du résultat et lance de côté un regard satisfait et énamouré ; il y a dans cette peinture une intensité de vie digne de Vélazquez et de Rembrandt.

La Nourrice et l'Enfant est une œuvre charmante entre toutes, on ne peut rien imaginer de plus simple, de plus naturel, de plus touchant ; la femme semble la bonté même, le bébé est vigoureux, plein de santé, dernier-né de la famille d'Ilpenstein, qui tint une place importante dans l'histoire de Haarlem ; malicieux, il détache la broche de la nourrice et vous regarde avec un sourire espiègle ; peu de peintres ont réalisé ainsi un visage d'enfant heureux, sain, vivant. La robe, en brocart

PLANCHE VI.—LE GAI MANDOLINISTE OU LE FOU

(Collection du Baron G. de Rothschild, à Paris)

Peint en 1625. Une copie par Dirk Hals est au Rijks Museum, à Amsterdam. C'est le portrait d'un élève favori de Hals, Adrien Brouwer, qu'à l'atelier on avait surnommé le bouffon, et qui fit lui-même quelques tableaux, parmi lesquels le fameux *Fumeur.*

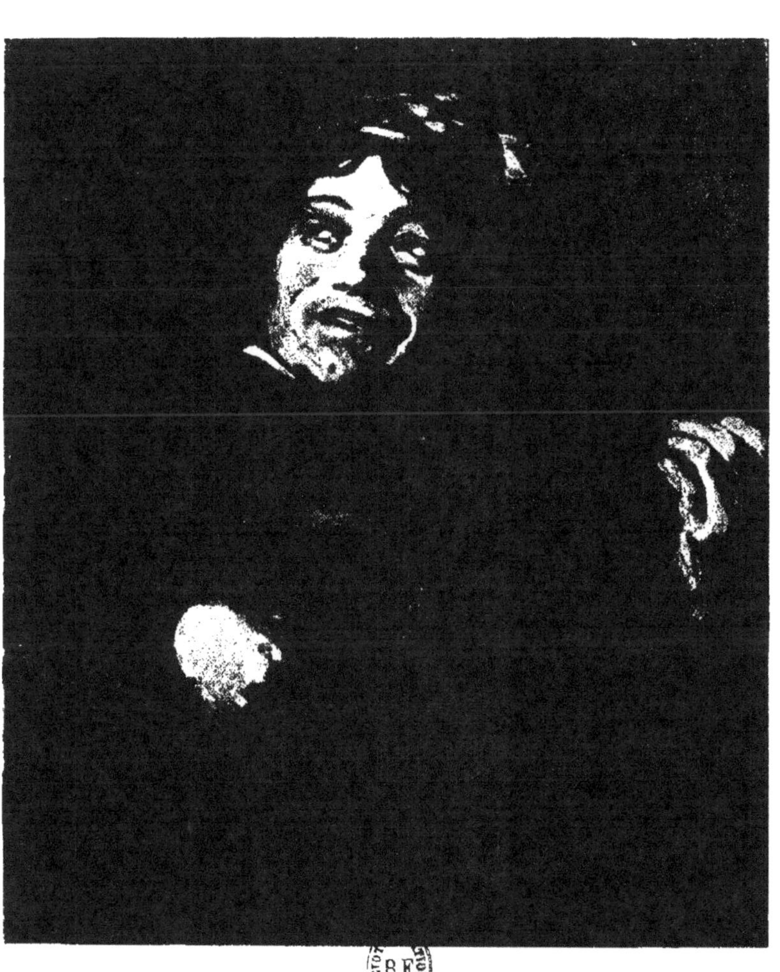

d'or, doit être une inspiration de Pierre Breughel, dit de velours (1568-1625), qui était inimitable dans le rendu des étoffes ; quant à la dentelle, on croirait que Hals a coupé des morceaux de vraie Malines pour les appliquer sur sa toile.

L'année où il exécuta ces merveilles fut aussi celle qui marqua son entrée à l'Académie.

Après la mort de Mander, en 1606, la fameuse réunion commença à décliner, la brouille entre Cornelissen et Goltzius, puis leur départ, furent cause de la fermeture des portes ; alors beaucoup d'artistes se tournèrent vers Franz Hals, le voulant pour maître. Parmi eux, étaient Pierre Soutman (1580-1657), Pierre Potter, père de Paul (1587-1642), Willem Claesz Heda (1594-1680), Jan Cornelisz Verspronett (1597-1662), Hendrik Gerritsz Pot (1600-1656), Pierre

Molyn (1600-1661), Pierre Fransz de Grebber (1610-1665), Antoine Palamadesz Stevaerts (1604-1680), Adrien Brouwer (1605-1638), Dirk van Deelen (1605-1671), César van Everdingen (1606-1679), Pierre Codde (1610-1666), Bartholomée van der Helst (1610-1670), Adrien van Ostade (1610-1685), Philippe Wouwermans (1620-1668), Isaac van Ostade (1621-1649), Pierre Roestraeten (1627-1698) qui épousa Sarah, la fille aînée de Franz Hals, Vincenzius Laurenszoon van der Vinne (1629-1702), et Job Berckeijde (1630-1693), puis les cinq fils de Hals et son frère Dirk.

Il y a au Stadhuis de Haarlem un tableau qui montre Franz Hals et son Académie en 1652, avec ses cinq fils, le plus jeune, Nicolas, âgé de vingt quatre ans, avec Dirk, avec Van Deelen, avec Molyn, avec Berckheijde lui-même et son petit frère Gerritsz, dessinant un modèle nu ; le maitre cause, à la porte, avec Wouwermans.

On a dit que Hals faisait travailler à force ses élèves sans les payer, et vendait leurs toiles pour acquitter ses dettes de taverne ; on a dit qu'Adrien Brouwer avait chez lui un logement peu confortable, une nourriture insuffisante, et des vêtements misérables ; ce qui est certain, c'est que tout ce monde là, maître et disciples, vivait en bonne intelligence.

Une amusante anecdote est contée par Jacob Campo Weyerman, l'historien de Haarlem : " Franz Hals avait l'habitude de s'adonner aux boissons, et le soir, ses élèves le ramenaient chez lui, on le déshabillait et on le couchait. Une fois au lit, se croyant seul dans sa chambre, il avait un accès de dévotion, et, si ivre qu'il fût, terminait toujours sa prière par ces mots : “Mon Dieu, recevez-moi au Ciel !” Des élèves qui avaient entendu la phrase accoutumée, voulurent savoir jusqu'où allait sa sincérité ; Adrien Brouwer qui était le boute-en-train de l'atelier, prit la direction de l'aventure ; avec un camarade, il perça dans le plafond quatre trous par lesquels il fit descendre des cordes qu'on attacha aux quatre pieds du lit, et quand Hals fut couché, au moment de sa prière, ils tirèrent, le hissant au ciel, comme il le demandait. Celui-ci, épouvanté, croyant son vœu exaucé, s'empressa de crier : “Non, pas tout de suite, Seigneur, pas tout de suite !” Les farceurs, pouvant à peine taire leur joie, laissèrent retomber le lit, et s'en allèrent raconter la plaisanterie aux camarades.”

En 1631 et 1632, Hals ne produisit pas

beaucoup, mais en 1633 il fit *Le Portrait d'Homme* qui se trouve à la National Gallery ; le personnage a de trente à quarante ans, le teint frais, et une énorme fraise à la mode.

De la même année date un autre chef-d'œuvre, un autre groupe de Société de tir qui se trouve au Stadhuis de Haarlem ; la Saint Adrien No. 2 comporte quatorze officiers, tous de bonne humeur et contents de leur dîner ; le colonel Jan Claesz van Loo est assis à gauche, tenant sa canne de promenade ; sept des officiers sont armés de hallebardes, accessoire nouveau qui est d'un heureux effet ; on est en droit de se demander si quelqu'un n'a pas dit à Franz Hals que Vélazquez vient de peindre la *Reddition de Bréda,* avec les fameuses lances ; le paysage est riant, et représente les jardins de

Roosendaal; l'officier assis sur la table, est le lieutenant Hendrik Pot, son élève favori. Les vêtements sont somptueux avec des écharpes de soie et de dentelle; les couleurs, variées, s'harmonisent avec la verdure du décor; c'est une vision de plein air, telle que la demandent les artistes modernes.

Dans le volume des Musées d'Europe consacré à la Hollande, Gustave Geffroy en parle ainsi dans une page définitive: "*La réunion des officiers du corps de Saint Adrien* est de 1633. C'est un chef-d'œuvre. La scène se passe au dehors, bien que les portraits paraissent exécutés à l'atelier. On aperçoit des toits rouges, des arbres sombres. Le colonel Jan Claesz van Loo, assis de face, est un vieillard à tête sérieuse, un autre vieux le regarde. Un jeune homme porte un étendard roulé, un officier en chapeau

PLANCHE VII.—LA BOHÉMIENNE

(Musée du Louvre)

Peint en 1630. Le tableau s'appellerait plus exactement la fille au marché, c'est le portrait d'une marchande de poissons de Haarlem, qui posa souvent dans l'atelier de Hals.

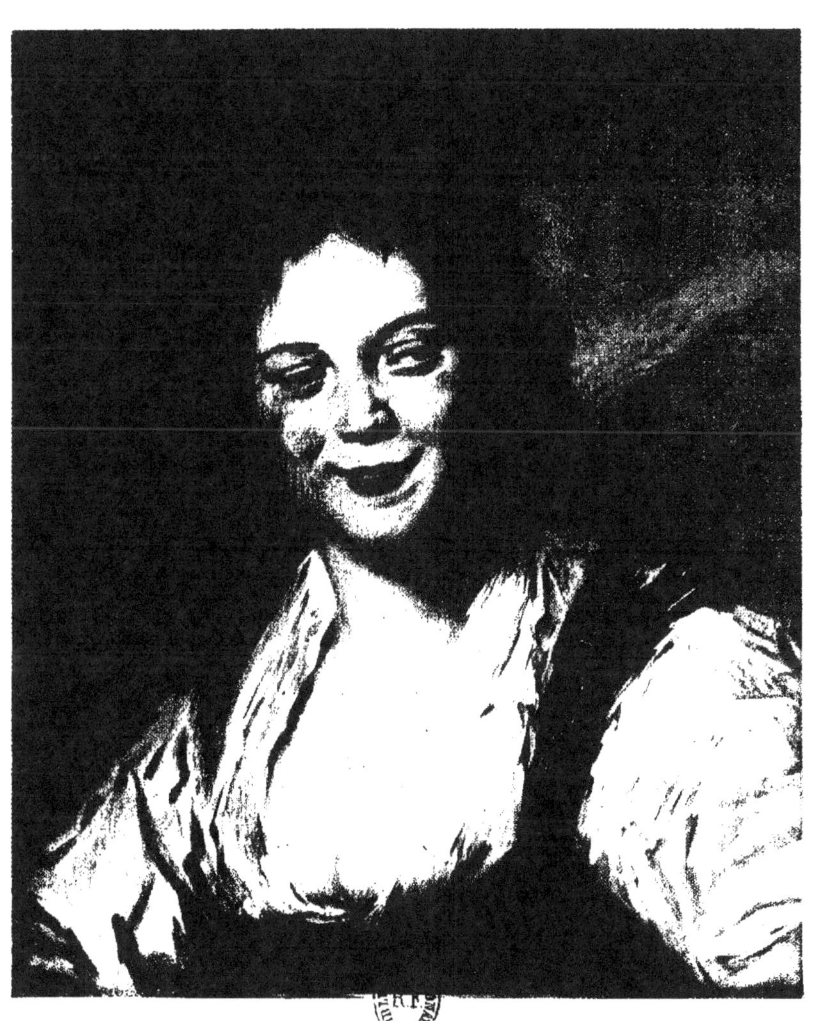

à plumes, en surtout de drap jaune, une écharpe bleue en sautoir, tient une hallebarde. Le lieutenant, nu-tête, le poing sur la hanche, est appuyé à une table, entre deux sergents, dont l'un lui parle en tenant une plume, et l'autre l'écoute en feuilletant un livre. Hals n'avait pas encore peint des physionomies aussi expressives, des ensembles aussi bien composés. Il y a deux groupements, à deux places différentes, l'un autour du colonel, l'autre autour du lieutenant, et tous deux se réunissent en un tableau solide. Ce tableau est de 1633, un an après la *Leçon d'anatomie* de Rembrandt. Hals tient encore sa place à ce moment en présence du maître qui va devenir si profond, si puissant. Il est, en tous cas, très différent, par l'enjouement, par la légèreté heureuse, par la science brillante, du Rembrandt d'alors et de tous ceux qui exécutent des sujets analogues. Il donne un mouvement de jeunesse, une vivacité spirituelle à ces assemblées, qui sont souvent lourdement traitées. Il donne une valeur propre à chaque chose, à chaque physionomie, à chaque étoffe, à chaque détail du costume. Il est coloriste avec une abondance singulière, s'amusant des difficultés qu'il résout avec bonne grâce, sans que jamais l'embarras et la fatigue se montrent."

Sans doute Franz Hals est en progrès, mais il fréquente de plus en plus les tavernes, et, jusqu'en 1637, il ne produit qu'une quinzaine de portraits.

A cette époque il n'est plus à Haarlem, mais à Amsterdam, où il peint les officiers de la garde civique avec leur colonel Reynier Reaels.

Il y a là seize figures, demi-nature, en

uniforme bleu, sans compter le porte-drapeau en or sombre avec des guêtres, des galons, des boucles, et cet air de fanfaronnade dont est coutumier Franz Hals.

Cette œuvre est au Rijks Museum à Amsterdam, non loin de la *Veillée* de Rembrandt, et on peut les comparer et les admirer ensemble.

En 1639, il complète la série de ses groupes, et cette fois encore ses modèles sont les officiers de la Société de tir de Saint Georges.

La scène est en plein air, le vent agite les bannières déployées et remue les feuillages des arbres ; c'est dans le verger de Hofje van Oud Alkemude, au-delà sont les bois de Haarlem ; il y a dix-neuf officiers avec le colonel Jan van Loo, ils sont rangés sur deux lignes ; ce n'est pas aussi vivant que le groupe de 1633, les couleurs sont moins puissantes, les ombres sont plus grises et plus épaisses ; le peintre commence à vieillir.

Cependant il fait encore ce bon portrait d'un petit pêcheur de Katwyk, *de Strandlooper,* comme il le nomma, qui est au Musée d'Anvers. On voit l'enfant courant parmi les dunes ; c'est un admirable morceau. "Assieds-toi comme tu es, dit-il à l'enfant, croise les bras et ne me quitte pas des yeux." Rapidement il dessine la silhouette, quelques traits rapides fixent la vision, puis, ajoutant ces mots : "Viens avec moi jusqu'à Haarlem, il y aura une demi-guinée pour toi ! " il obtient dans la physionomie un bon sourire épanoui qu'il copie aussitôt.

Les vingt dernières années de Hals sont marquées par une évolution, par une transformation de sa manière.

Tandis qu'entre 1630 et 1640 il s'apparente à Vélazquez et peint dans la lumière, maintenant il se rapproche de Rembrandt, ses teintes se modifient, il pratique les ombres ; ses portraits des cinq gouverneurs de la Maison de Sainte Elisabeth pourraient passer pour être l'œuvre du grand maître hollandais. Assis à leur bureau, les plus vénérables pères de la cité, en vêtements noirs, sont merveilleusement expressifs avec leur col et leurs manchettes empesées, avec leurs chevelures grisonnantes.

Haarlem possédait ainsi un grand nombre d'institutions charitables, dont les citoyens riches s'honoraient de faire partie, refuges, hôpitaux, etc. . . . les fondateurs et leurs parents étaient les premiers directeurs, leur pouvoir administratif se confondait avec les fonctions municipales.

Le bon caractère de Hals l'avait rendu

ami de tout le monde ; sa nomination, en 1645, comme Vinder de la Société des artistes de Saint Luc, loge de Haarlem, réunit tous les suffrages ; le rôle convenait bien aux façons franches du peintre, rôle analogue à celui de Providator en Italie, contrôleur et porteur de toasts.

Cela dut être une grande satisfaction pour dame Lisbeth, un rayon de soleil sur sa vieillesse anxieuse, et son sourire s'en éclaira comme dans le jardin vert de son portrait de 1640.

Hals devient indolent, s'abandonne, et la pauvreté menace ; mais la vie est exempte de soucis, l'amour veille, Lisbeth ne veut pas gronder Franz, et Franz ne veut pas faire de peine à Lisbeth ; les modèles ne sont plus de fraîches et fortes filles comme la pêcheuse de 1630; à soixante-dix ans il copie surtout les

PLANCHE VIII.—NOURRICE ET ENFANT

(Musée Royal, à Berlin)

Peint en 1630. La nourrice est une femme du Nord de la Hollande, l'enfant est le petit-fils de Julius Ilpensteen, riche marchand allemand établi à Haarlem, et s'occupant de la culture des tulipes. Le vêtement est somptueux, et le col de Malines est d'une réalité qui fait illusion.

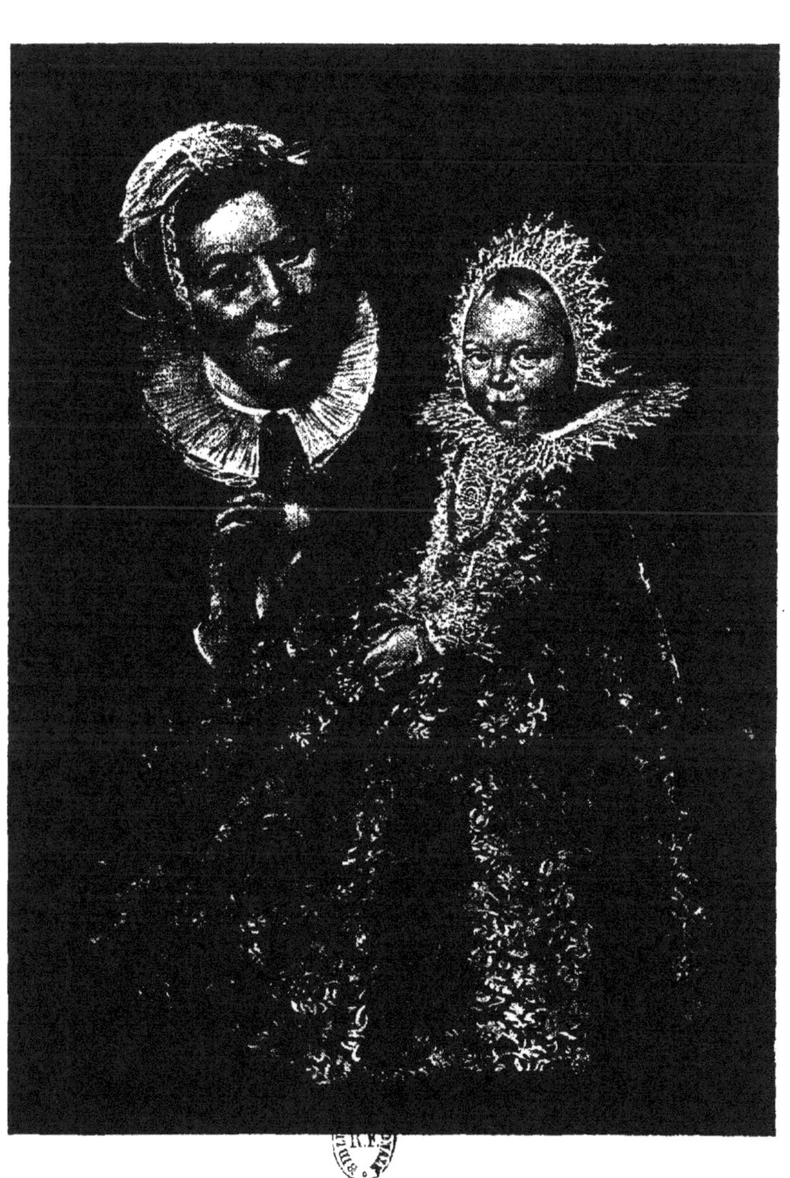

servantes des tavernes de bas étage ; une vieille femme, ivrognesse, ridée, calleuse, retint son attention, on l'appelait Hille Bobbe, mais son véritable nom était Aletta ou Alle Bol ou Bollij ; elle habitait une masure proche le marché aux poissons, était de conversation peu aimable ; à Berlin se trouve son portrait avec son grand broc et son hibou, daté de 1650 ; à Dresde, on voit la même, invectivant un malotru qui fume au-dessus de son éventaire de homards ; ces tableaux sont peu colorés, plutôt dans les gammes sourdes, la palette de l'artiste est atténuée, sa brosse se ressent de sa fatigue ; néanmoins l'effet est impressionnant. Pourquoi ce hibou ? On ne sait, quelque plaisanterie de rapin sans doute.

Pendant les dix années qui suivent, Hals ne produit qu'une dizaine de tableaux ; est-ce paresse, est-ce maladie ? Les renseignements manquent ; mais, en 1652, nous avons connaissance d'une saisie obtenue par Jan Ykess, boulanger ; il a assigné Hals en paiement de deux cents guinées pour fournitures à lui faites ; et la vente de trois matelas et traversins, d'une armoire, d'une table de chêne, de cinq peintures à l'huile, suffit à peine à le dédommager. D'autres créanciers ne peuvent rien obtenir ; deux ans plus tard, Hals donne à son boucher comme acompte, *Le joyeux trio*, et une peinture de Jan Razet, *Saint Jean-Baptiste prêchant.*

La révélation est attristante, la tristesse d'existence que l'on devine est aggravée encore par le manque d'affection de ses fils et filles qui tous habitent Haarlem, qui sont tous heureux, et ne viennent pas en aide à leurs vieux parents.

En 1655 et encore en 1660 Hals signe et date de très nombreux portraits, il travaille beaucoup comme pour faire face à des exigences cruelles ; les tristesses de sa propre existence influent sur sa peinture, ainsi qu'il apparait dans le *René Descartes* du Louvre, et dans le *Tyman Oosdorp* de Berlin, réminiscence du Jan Hornebeeck de Leyde, à Bruxelles, datant de 1648.

Une accalmie se produisit toutefois, pendant laquelle il exécuta le *Schlapphut* (chapeau rabattu) qui est à Cassel ; un jeune homme assis de côté, les bras au dossier de sa chaise, saillant d'un fond noir, et le regard plein d'impertinence ; une façon de chef-d'œuvre.

Mais le malheur est sur le chemin de Franz et Lisbeth. Au printemps de 1662, le pauvre vieux peintre demande des secours au conseil municipal, on lui accorde une distribution de chauffage et d'aliments, plus une gratification de cent cinquante guinées.

Franz Hals, malgré son âge, pourrait encore travailler, il a des protecteurs qui s'intéressent à lui, et les membres du conseil de la maison de refuge pour les vieilles femmes décident de lui commander deux tableaux en groupe, un pour eux, l'autre pour les dames du béguinage fondé par Nicolas van Beresteyn en 1611.

On lui faisait ainsi la charité tout en ménageant son amour-propre, et à quatre-vingt-quatre ans, Hals se mit à l'ouvrage et exécuta ces deux toiles (1664).

Les Régentes de l'hospice des vieillards ne sont certes ni jeunes, ni belles, néanmoins ces cinq figures ont un attraît puissant, les regards profonds, la maigreur ridée des mains, les habits simples, sombres, éclairés par le blanc des bonnets et des cols ; tout concourt à une impression de quiétude et d'émotion, et l'on songe aux *Syndics* de Rembrandt, qui furent faits vingt années plus tard.

L'autre composition, les cinq régents, est plus faible, mais les différentes physionomies sont cependant caractérisées avec une intensité de vie merveilleuse.

Maintenant, le pinceau s'échappe des mains défaillantes de l'artiste, les couleurs sont séchées sur sa palette, toute sa vigueur s'en est allée ; grâce au paiement de ces deux compositions il a pu, avec Lisbeth, achever de vivre un peu moins misérablement.

On ne sait rien de ses dernières années et de sa mort.

Les seuls renseignements que l'on possède, c'est que, le 1er septembre 1666, il fut enterré dans la Groote Keerke de Saint Bavon. Son corps repose dans le chœur avec les cendres des plus fameux fils de Haarlem. Aucun mausolée n'en indique la place ; une pierre tombale ; les lettres F.H.

Dans la séduction d'un jardin, parmi les fleurs, notre attirance résulte toujours des corolles les plus vives, les plus ardentes ; nous sommes charmés sans doute par les mauves atténués, les roses délicats, les violets mélancoliques, les blancs neigeux, mais ce qui arrête surtout nos regards, ce qui captive notre vision, ce sont les rouges puissants, empourprés, ce sont les bleus violants, les jaunes en poussière d'or.

En peinture, il en va pareillement, les choses fadasses, même d'un dessin impeccable, nous laissent indifférents ; ce que l'on désigna de l'épithète *classique* nous apparait d'une froideur sacrilège, c'est la vie figée, immobilisée, catalepsisée ;

et parce que tout vibre dans la nature, le muscle aussi bien que la lumière, notre effort d'admiration se porte vers les artistes qui ont compris cette loi, qui l'ont observée, et qui ont su en exprimer les effets.

Franz Hals appartient à cette glorieuse famille des peintres de la Flandre occidentale, Rubens, Van Dyck, Jordaëns, Téniers ; ces grands noms sont évocateurs de couleur puissante, de force, et réalité ; le magicien de *la Descente de Croix* d'Anvers est un des plus étonnants exécutants de féerie picturale ; le portraitiste de *Charles Ier* est certainement un des observateurs qui ont le mieux scruté la physionomie humaine ; l'annaliste du *Roi boit* a une verve inlassable ; enfin, l'amusant crayonneur des magots qui déplurent tant au Grand Roi est le premier des réalistes. Ces qualités diverses se retrouvent toutes dans Franz Hals et constituent sa maitrise.

Son existence ne fut pas en rapport avec cette gloire, et sa veuve, la pauvre Lisbeth lui survécut plusieurs années dans une pauvreté extrême ; en 1675, elle fit une demande de secours et obtint la misérable somme de quatorze sous par semaine. Elle languit et mourut sans la consolation d'avoir auprès d'elle aucun de ses enfants ; elle s'éteignit sans doute dans une Maison de refuge, et on ne sait même pas où elle fut ensevelie.

Et c'est le dernier chapitre lamentable de la monographie d'un peintre qui exprima, mieux que tout autre, la vie rieuse, épanouie, rubescente !

Imprimerie Pierre Lafitte et Cie,
Paris.

www.ingramcontent.com/pod-product-compliance
Lightning Source LLC
LaVergne TN
LVHW050423160826
845677LV00002BA/501

* 9 7 8 2 3 2 9 7 2 9 7 9 4 *